ウオッチマン・ニー著

赦しと挽回

JN061242

JGW日本福音書房

初信者シリーズ

14

赦しと挽回

聖書：マタイ十八・二一―三五、十五―二〇、ルカ十七・三―五

どうしても解決しなければならない一つの問題があります。それは、もし兄弟がわたしに対して罪を犯した場合、どうすべきかということです。わたしたちが人に対して罪を犯した場合ではなく、人がわたしたちに対して罪を犯した場合、どうすべきでしょうか？　今読んだ三箇所の聖書を合わせて見ると、もし兄弟がわたしたちに対して罪を犯すなら、わたしたちは彼を赦すだけでなく、彼を挽回しなければならないと、主は言っておられます。わたしたちはまず赦すことについて見てみましょう。

一　兄弟を赦す

A　赦すことが要求されている

マタイによる福音書第十八章二一節から二二節は言います、「その時、ペテロが来てイエスに言った、『主よ、わたしの兄弟がわたしに対して罪を犯したなら、何回赦すべきでしょうか？　七回までですか？』。イエスは彼に言われた、『わたしはあなたに七回までとは言わない。七回を七十倍までと言う』」。

ルカによる福音書第十七章三節から四節は言います、「あなたがたは気をつけなさい。もしあなたの兄弟が罪を犯したなら、彼を戒めなさい。彼が悔い改めたなら、赦してあげなさい。彼があなたに対して一日に七度、罪を犯しても、あなたに七度、戻って、『悔い改めます』と言うなら、赦してあげなさい」。

マタイによる福音書は、兄弟を赦すのは七度だけでなく、七回を七十倍するまでと言っています。ルカによる福音書は、一人の兄弟があなたに対して一日に七度罪を犯し、七度「悔い改めます」と言って帰ってくるなら、赦してあげなさいと言っています。彼の悔い改めがまことであってもうそであっても、彼がそう言う限り、あなたは彼を赦さなければなりません。彼の真偽のほどはわたしたちの問題ではありません。わたしたちはとにかく彼を赦すべきです。

七度は多くありませんが、一日に七度なら少なくありません。同じような事を一日に七回行なうのです。その人が一日に七度あなたに向かって、「わたしはあなたに対して罪を犯しました」と言うのです。こうであっても、なおあなたは彼が心から間違ったと告白していると信じることができますか？　おそらくあなたは、彼は口先だけであると言うでしょう。こういうわけで、ルカによる福音書第十七章五節は言います、「使徒たちは主に言った、『わたしたちの信仰を増し加えてください』」。彼らは、これは難しいと感じたのです。一人の兄弟が一日に七度罪を犯して、七度悔い改めて帰ってきたとしても、信頼をおくことなどできず、信じることができないかのようです。ですから主に、「わたしたちの信仰を増し加えてください」と求めました。しかし、神の子たちはこの種の状況下でもやはり赦すべきです。兄弟がわたしたちに対して罪を犯したなら、わたしたちは罪をそのまま残してずっと覚えているようであってはなりません。

B　神の度量

主はマタイによる福音書第十八章二三節から二七節で一つのたとえを引用しておられます、「こういうわけで、天の王国は、王が奴隷と清算するようなものである。

王が清算し始めると、一万タラントの負債のある者が、王の所に連れて来られた。しかし、彼は返済するすべがなかったので、主人は彼に、自分も妻も子供たちも、持っているすべての物も売って、返済するように命じた。そこで、その奴隷はひれ伏し、拝して、『どうか待ってください。必ず全部お返ししますから』と言った。すると、その奴隷の主人はあわれに思って、彼を釈放し、その負債を免除した」。

このしもべは神の御前で一万タラントの負債がありますが、これはとても大きな金額です。彼自身にはそれを返す力がありません。なぜなら、彼には返すべき物が何もなかったからです。わたしたちが神に対して持っている負債は、決して返すことのできないものであって、人に対する負債とは比べようもないほどです。どの神の子も、神に対する自分の負債について正当に評価してはじめて、兄弟に対する負債を大目に見て、赦すことができます。もしわたしたちが神の御前で受けた恵みがどんなに大きいかを忘れてしまうなら、大変な恩知らずになってしまうかもしれません。神に対する自分の負債がどんなに大きいかを、わたしたちは見る必要がありま す。そうしてこそ、わたしたちに対する他の人の負債には限りがあるのを、わたしたちは見ることができます。

しもべは返す物を何も持っていなかったので、主人は彼に、「自分も妻も子供たちも、持っているすべての物も売って、返済するように」命じました。実は、彼が持っている物全部を売っても、すべてを返すことはできませんでした。そこでこのしもべはひれ伏して哀願し、「どうか待ってください。必ず全部お返ししますから」と言いました。

人は、何が恵みなのか、何が福音なのかあまりはっきり知りません。人はよく神の御前で、今日できないことは将来になったらできると思っています。今日、彼ができないことは、将来になってはじめてできると思います。ここでこのしもべは、すべてを売り尽くしてもなお返せないので、「どうか待ってください。必ず全部お返ししますから」と言いました。彼は自分の心掛けは良いと思っていました。負債を払わないのではなく、もっと時間をくれるよう主人に求めて、将来、全部返そうとしているからです。しかし、実はこれは、恵みを認識していない人が持つ打算です。「すると、その奴隷の主人はあわれに思って、彼を釈放し、その負債を免除した」。これが福音です。福音は、神があなたの思いにしたがって、あなたのために何かをなさることではありません。あなたが「主よ、どうぞお待ちください。将来、全部お返しいたしますから」と言ったとしても、主は「いくらか先に持って来て、あとで全部返しなさい」とは言われません。主はあなたの負債を免除してくださいます。人の祈り求めるものは、主がわたしたちに与えられる恵みにはるか及びません。わたしたちの主は、ご自分が持っておられるものにしたがってわたしたちのためになし、ご自分が持っておられるものにしたがってわたしたちの祈りに答えてくださいます。この主人は、自分に負債のあるしもべを解放し、しかも彼の負債を免除してやりました。これが神の恵みであり、これが神の度量です。神の御前で恵みを求めるどんな人に対しても、たとえその人が恵みをあまり認識していなくても、主は恵みを与えられます。この原則をわたしたちは見るべきです。あなたに恵みを求める思いがわずかばかりでもありさえすれば、主はあなたに喜んで恵みを与えられます。主は、人が求めないことを恐れられます。少しばかりの望みがあって、「主よ、わたしに恵みを施してください」と言いさえすれば、主は恵みを施されます。しかも主は、ご自身が満足なさるまで恵みを与えられます。あなたは一円もらえば十分だと思うかもしれませんが、主はあなたに一円を与えるのではなく一千万円を与えられます。主はご自分が満足なさるまで与えられます。主がなさる事は、必ずご自身に釣り合っています。あなたが一円受け取りに進み出ても、神はそのような少額を取り出されません。神は出さないなら出さない、出す以上は彼の度量にしたがって取り出されます。

救いは神の度量にしたがって人の上になされることを、わたしたちは知らなければなりません。救いは人の思いにしたがって人の上になされるのではありません。救いは、神の思いと神のご計画にしたがって人の上に成就されます。

十字架上であの強盗は主に求めて言いました、「あなたがあなたの王国に入られる時、わたしを覚えてください」。主は彼の祈りを聞いて、この祈りにしたがって答えられたのではありません。主は言われました、「まことに、わたしはあなたに言う。今日あなたは、わたしと一緒にパラダイスにいる」(ルカ二三・四二―四三)。救いは、神がご自分の思いにしたがって人を救われるのであって、罪人の思いにしたがって人を救われるのではありません。神は自分のためにどうなさるかを罪人が考えるその限りある思いにしたがってではなく、神はご自分の思いにしたがって罪人の上になさるのです。ですから主は、王国に入られる時になってはじめて彼を思い出されるのではなく、今日、彼がパラダイスにいることを約束されたのです。

あの取税人は宮で祈り、胸を打ちながら言いました、「神よ、罪人のわたしに対して、なだめとなってください！」。彼は、ただ神の御前で自分をあわれんでくださるよう求めただけでしたが、神は彼の祈りを聞かれました。しかし、彼のこの祈りにしたがって答えられたのではありません。主イエスは言われました、「この者のほうがあの者よりも義とされて、自分の家に帰って行った」(ルカ十八・九―十四)。言い換えれば、この罪人が義とされて帰って行きました。これは、罪人が思うところをはるかに超えています。罪人自身は義とされることなど思いもしないで、ただあわれみを求めただけなのに、神はこの人を義とすると言われるのです。その意味は、神は彼を、罪を犯したことがないかのように見、彼には義があると見られるということです。彼の罪が赦されただけでなく、彼という人が神に義とされたのです。これにより、神は人の思いにしたがって救いを成就されるのではなく、ご自身の思いにしたがって救いを成就されることがわかります。

放蕩《ほうとう》息子が家に帰ることにおいても同じ事が見られます(ルカ十五・十一―三二)。彼が遠い所にいて、まだ父に会っていない時、彼は家に帰ってしもべになろうと思っていました。しかし、彼が家に着くと、父は彼をしもべにするどころか、奴隷たちに命じて最上の衣を出してきて彼に着せ、指輪を手にはめさせ、サンダルを足にはかせました。また肥えた子牛を引いてきてほふり、食べて楽しみました。それはこの息子が死んでいたのに生き返り、失われていたのに見つかったからでした。ここからも見ることができますが、神は、わたしたち罪人が思うところにしたがって救いを成就されるのではなく、ご自身の思われるところにしたがって救いを成就されるのです。

さらにマルコによる福音書第二章では、四人の人が一人の中風の者を運んで、主イエスのところに連れてきました。群衆のために近寄ることができなかったので、主イエスのおられるあたりの屋根をはぎ、穴をあけて、中風の者を寝かせたまま床をつりおろし、主イエスが中風をいやし、起きて歩けるようにしてくださることを期待しました。しかし、主イエスは言われました、「子よ、あなたの罪は赦されている」(マルコ二・五)。主イエスは彼をいやされただけでなく、彼の罪を赦しさえされました。これも、神はご自分が満足されるまでなさるということを告げています。わたしたちのすべきことはただ、神の御前に行って求めることだけです。十分求めたにしても、求め方が不十分であったにしても、神はご自分が満足されるまでなさるのであり、罪人が満足するまでなさるのではありません。ですから、わたしたちは救いについて自分の側から見てはいけません。神の側から見なければなりません。

C　神の願い

神はわたしたちの上に願いを持っておられます。恵みを得る必要のある人たちはすべて、人に恵みを与えることを学ばなければなりません。恵みにあずかった人たちはみな、恵みを施すことを学ばなければなりません。もし人が受け入れたのが恵みであるなら、その人が人に与えるものも恵みであることを、神は望まれます。

マタイによる福音書第十八章二八節から二九節は言います、「ところが、その奴隷が出て行くと、自分に百デナリの負債のある奴隷仲間の一人を見つけたので、彼を取り押さえ、のどを締めて、『借金を返せ』と言った。その奴隷仲間はひれ伏して請い願い、『どうか待ってくれ。必ず返すから』と言った」。主はここでわたしたちに見せていますが、わたしたちの負債は一万タラントですが、他の人がわたしたちに借りているのは百デナリにすぎません。わたしたちが主に、「どうか待ってください。必ず全部お返ししますから」と言った時、主はわたしたちを赦しただけでなく、その負債を免除してくださいました。あなたの仲間はあなたの兄弟ですが、彼はあなたに罪を犯しているとは言え、せいぜい百デナリの借金をあなたにしているだけです。彼もあなたに言いました、「どうか待ってくれ。必ず返すから」。彼はあなたと同じ願い、同じ要求をしているのですから、あなたはどうして彼を赦さないことができるでしょうか？　しかし、このしもべは「承知せず、行って、その人が借金を返すまで、獄に投げ込んだ」(三〇節)のです。

主はこのたとえを引いて、他の人を赦さない人は、神から見て何と理屈に合わないかを見せています。もしあなたがあなたの兄弟を赦さないなら、あなたはこの奴隷と同じです。このたとえを読む時わたしたちは、この人は本当に筋の通らない人だと感じます。主人は彼の一万タラントの負債を赦したのに、彼は人の百デナリの負債を赦そうとせず、それどころかその人が借金を返すまで獄に入れました。彼は何という「義」を説いているのでしょうか？　クリスチャンは、自分を取り扱う時は義に基づいているべきですが、他の人を取り扱う時は恵みに基づいているべきです。あなたの兄弟はあなたに対して負債があるかもしれません。彼があなたに借りていることは、主もご存じです。しかし主は、主を信じている人が兄弟を赦すことができないなら、この人は恵みをもって人を取り扱っておらず、この人は神の御前で恵みに欠けているということを、はっきり見せています。

三一節から三三節は言います、「彼の奴隷仲間たちは、その起こったことを見て、非常に悲しみ、そして来て、起こったことすべてを残らず彼らの主人に説明した。そこで、主人は彼を呼びつけて言った、『悪い奴隷だ。あなたがわたしに請い願ったから、わたしはすべての負債を免除してやったのだ。わたしがあなたをあわれんだように、あなたも奴隷仲間をあわれむべきではなかったか?』」。主は、主があなたを取り扱ったのと同じように、あなたが他の人を取り扱うことを望んでおられます。主は、義にしたがってあなたに要求されるのではありません。主は、あなたが義にしたがって他の人に要求することも願われません。主はあわれみにしたがってあなたの負債を赦されました。主は、あなたがあわれみにしたがって他の人の負債を赦すことを願われます。主が用いられたはかりで、あなたも他の人をはかることを、主は願っておられます。主は十分な升を用いてゆすり入れ、山盛りになるほどにあなたを恵まれます。主は、あなたにも十分な升を用いて人にゆすり入れ、山盛りになるほどに人を恵んでほしいのです。主があなたを取り扱われるのと同じように、あなたにもあなたの兄弟を同様に取り扱ってほしいのです。

神の御前で最も見苦しいことは、赦しを得た人が別の人を赦そうとしないことです。赦された人が他の人を赦さないこと、あわれみを受けた人が他の人をあわれまないこと、これほど見苦しいことは他にありません。恵みを受けながら、人に恵みを与えないことは、あるべきでありません。

主がわたしを取り扱われたとおりに、わたしも人を取り扱うべきであるということを、人は必ず神の御前で見ることを学ばなければなりません。恵みを受けた人が人に恵みを与えることを拒否することは、最も醜《みにく》いことです。赦されながら人を赦さないことは、とても見苦しいことです。負債のある者が借金を取り立てることを、神は罪定めされます。負債のある人が、他の人が自分に借りていることを思い出すことを、神は憎まれます。

主人は彼に問われました、「わたしがあなたをあわれんだように、あなたも奴隷仲間をあわれむべきではなかったか?」。神は、わたしたちが神と同じように人をあわれむことを願われます。ですから、わたしたちは人をあわれみ、人を赦すことを学ばなければなりません。恵みを受け、神に赦された人は、人の負債を免除し、人を赦し、人をあわれみ、人に恵みを与えることを学ばなければなりません。頭をあげて主に言いましょう、「主よ、あなたはわたしの一万タラントの負債を免除してくださいました。わたしは今日、わたしに罪を犯している人をすべて赦したいと願います。また将来わたしに罪を犯すであろう人をも赦したいです。わたしにはこんなにも大きな罪があるのに、あなたはなおもわたしを赦してくださいました。わたしもあなたに似ることを学びたいです。他の人を赦すことを願います」。

D　神の懲らしめ

続けて三四節は言います、「こうして主人は怒って、負債をすべて返すまで、彼を獄吏に引き渡した」。ここでこの人は神の懲らしめに入れられ、負債全部を返してしまうまで、神は彼を獄吏に引き渡されました。

三五節は言います、「あなたがたもそれぞれ、心から自分の兄弟を赦さないなら、わたしの天の父も、あなたがたにこうされる」。これは厳粛なことです。わたしたちは一人も神の手に陥ることがないように望みます。人は、神が心から自分を赦してくださったように、兄弟を心から赦さなければなりません。もし兄弟があなたに罪を犯したなら、神の御前で赦すことを学ぶべきであることを、兄弟姉妹が見ますように。兄弟の罪をそこで思い出すべきではありません。わたしたちは兄弟に、返すよう求めるべきではありません。この事柄の上で、神の子たちはわたしたちの神のようであるべきです。神はどんなに寛大にあなたを取り扱われたことでしょう。神は、あなたがそのように寛大にあなたの兄弟を取り扱うことを願っておられます。

二　兄弟を挽回する

わたしたちがただ兄弟を赦すだけでしたら、それは消極的で、まだ不十分です。わたしたちはさらに彼を挽回する必要があります。これは、マタイによる福音書第十八章十五節から二〇節がわたしたちに要求していることです。

A　彼自身に告げる

マタイによる福音書第十八章十五節は言います、「もしあなたの兄弟があなたに対して罪を犯すなら、行って、あなたと彼との間だけで、彼の過ちを示しなさい。彼があなたに聞き従えば、あなたは自分の兄弟を得たことになる」。神の子たちの間では、互いに罪を犯すことがいつも起こります。もしある兄弟があなたに罪を犯したなら、あなたはどうすべきでしょうか？　主は言われました、「行って、あなたと彼との間だけで、彼の過ちを示しなさい」。もし兄弟があなたに罪を犯したなら、第一に別の人の所に行って告げるのではありません。別の兄弟姉妹に告げるのではなく、教会の長老に告げるのでもなく、気ままに会話の材料に取り上げるのでもありません。主はここでそのように命じてはおられません。もし兄弟があなたに罪を犯したなら、第一にしなければならないことは、あなたに罪を犯した兄弟に告げることです。

多くの時、問題はここにあります。一人の兄弟が別の兄弟に対して罪を犯すと、被害を受けた兄弟はそれを言い広め、あちらへ行っては人に告げ、こちらに来ては人に告げ、言い広め続けて、全教会がほとんど知ってしまったのに、罪を犯したその兄弟自身は何事かまだ知りません。このように人に告げるのは、弱者の行為です。弱いからこそ、本人に言う勇気がなく、背後で言うだけであって、面と向かっては言えないのです。背後で言いふらしたり、言い広めたりすることは、汚れたことです。確かにわたしたちは兄弟の誤りを対処しなければなりません。しかし、主はわたしたちに、まず別の人の所に行って告げるようなことはしてほしくないのです。第一に告げなければならないのは、その本人に対してであって、別の人に対してではありません。わたしたちがこの基本的学課をよく学ぶなら、教会は多くの問題を免れることができるでしょう。

それでは、どのように彼に告げたらよいのでしょうか？　手紙を書くのでしょうか？　主はこうは言っておられません。主が言われた告げる方法は、手紙を書くことではなく、面と向かって彼に言うことです。しかし、一つのことに注意しなければなりません。彼の背後で言うことはもちろん間違っているのですが、多くの人の前で言うことも間違っています。「あなたと彼との間だけで」言っていいのです。多くの神の子たちはこの点で失敗しています。他の人がいる所で言ってしまうのです。しかし主は、彼とあなたとの二人だけの所で告げなさいと命じられました。言い換えれば、個人の罪は、あなたがた二人だけで対処するのであって、第三者は絶対に必要ありません。

わたしたちは神の御前でこの学課を学ばなければなりません。あなたに対して罪を犯した兄弟の背後で話してはなりません。また多くの人がいる所で彼のことを言ってもなりません。彼とあなただけの所で、彼の誤りを指摘しなさい。その時、別の事を言うのではなく、別の問題について話すのではなく、兄弟の誤りを告げなければなりません。これには神の恵みが必要です。これは神の子たちが学ばなければならない学課の一つです。

ある兄弟姉妹は、このようにすることはとても面倒ではないかと言うかもしれません。確かに少し面倒ですが、あなたは主の言葉にしたがって行なわなければなりません。面倒を恐れてはなりません。もしあなたが、ある兄弟があなたに罪を犯したことがあまりにも小さいことで、本人に言う必要もないと感じるなら、別の人の所へ行って言う必要もありません。もしその事がたいしたことでなく、とても簡単で問題にならないのなら、彼に告げる必要もなく、また他のいかなる人にも告げる必要はありません。本人に言う必要がないのに、別の人に言う必要があることなどありません。なすべきことは、本人に言うことであって、他の人に言う必要はありません。他の人がみな知ってしまって、本人だけが知らないようなことがあってはなりません。

B　告げることの目的

十五節後半は言います、「彼があなたに聞き従えば、あなたは自分の兄弟を得たことになる」。これが、告げることの目的です。本人に言う目的は、償いを得るためではありません。彼に言うことにはただ一つの目的があります。もし彼が聞いてくれたなら、あなたは自分の兄弟を得たことになります。

ですから問題は、あなたの損失がどれほど大きいかではなく、この兄弟があなたにこのように罪を犯したことで、もしこの件をはっきりと処理しなければ、彼は神の御前で歩んでいくことができなくなり、交わりに問題が生じ、祈りが妨げられるので、あなたは彼を訓戒しなければならないのです。これは、あなたが傷ついたと感じるかどうかの問題ではなく、あなたの責任の問題です。ただあなたの個人的な傷ついたという感覚だけでしたら、それはあまりに小さなことです。もしあなたが傷ついたと感じるだけで、あまり問題にはならないと感じるなら、放っておいてもよいでしょう。そうであれば、あなたの兄弟に告げる必要もないし、いかなる人にも言う必要はありません。この件が軽いか重いかについて、あなた以上にはっきり知っている人はいません。この兄弟に言うべきかどうかを決定する責任は、あなたにあります。最もはっきりしている人の上に、その責任はあります。多くの事柄はやり過ごしてもいいのですが、必ず対処しなければならない事柄も多くあります。もし罪を犯したことがわたしたちの兄弟を失うことになるなら、彼とあなたとの二人だけの所で、彼の誤りを告げなければなりません。いい加減にしてはならないことは、いい加減に過ぎ去らせてはなりません。あなたは放っておいてもよいかもしれませんが、彼はそうできないのです。彼は神の御前で問題を生じており、神は彼を赦しておられません。もし兄弟が誤りを犯し、主の御前で問題を持つに至ったなら、あなたはこのことが小さなことではないと知るべきです。機会を捕らえて、彼と二人だけの所で言うべきです、「兄弟よ、あなたがこのようにわたしに罪を犯したのは間違っています。あなたがこのようにわたしに罪を犯したので、あなたは神の御前で道を失い、神の御前で妨げを受け、大きな損失を被っています」。もし彼が聞いてくれたなら、あなたはあなたの兄弟を得たことになりますし、この兄弟を挽回したことになります。

今日、多くの神の子たちが聖書のこの箇所の教えに従っていません。ある人は、いつも兄弟の誤りを他の人に言って宣伝します。ある人は、他の人には言わなくても、ずっと赦そうとしないで、いつも心にとめています。ある人は、赦したらそれで終わりにして何事も構いません。しかし、主はわたしたちにこうであってほしくないのです。他の人の間違いを言うばかりでは間違っています。口で言わなくても、心で赦そうとしないのも、正しくありません。赦すだけで訓戒しないのも、正しくありません。

主は、あなたの兄弟があなたに罪を犯したら、それを赦せば十分であると言われたのではありません。主はわたしたちに見せてくださいましたが、罪を犯された人は、罪を犯した人を挽回する責任があるのです。あなたに犯した罪が小さなものでないなら、あなたは彼の前途のために、彼に告げて、彼を必ず挽回する責任があります。また、方法を考えて、あなたの兄弟を得に行かなければなりません。行って語る時、態度は良くなければなりませんし、心は正しくなければなりません。目的は、あなたの兄弟を得ることです。もし心から彼を得たいと思うなら、彼の誤りをいかに指摘すべきかがわかるでしょう。もし心から彼を挽回したいと思うのでなければ、かえって傷を深くしてしまうでしょう。訓戒する目的は、賠償させることでもなく、自分の感覚を救うことでもなく、あなたの兄弟を挽回することです。

C　人に告げる時の正しい態度

もしあなたの目的が正しければ、手続きをどのようにしたらよいかがわかるでしょう。第一に、必ずあなたの霊が正しくなければなりません。次に、あなたが語る言葉、語る方法、態度、顔つき、声、口調もすべて正しくなければなりません。あなたの目的は彼を得ることであって、ただ彼に彼の誤りを知ってもらいたいだけではないからです。

もしあなたがただ彼を叱責しようとするのであれば、あなたの叱責が正しいとしても、あなたが話す最も重大な言葉が正しいとしても、あなたの態度や口調や顔つきは、あなたが彼を得たいという目的からはるかにかけ離れてしまっているかもしれません。

ある兄弟をすばらしいと言うことはとても簡単です。だれかをほめることもとても容易です。短気を起こしてある事を人にぶちまけることもとても容易であり、感情のままにすれば短気を起こしてしまいます。しかし、彼に彼の誤りを知らせ、また彼を挽回して彼を得ることは、恵みに満ちた人だけがなすことができます。自分が正しくても、しかも高ぶらず、へりくだり、穏やかで、人に誤りを知らせることができるのは、これは自分を完全に脇に置いてはじめてなすことができます。

ある兄弟があなたに罪を犯すことを主が許されたなら、それは主があなたを認め、選び、重大な責任をあなたの上に置かれたことを、あなたは知らなければなりません。あなたは選びの器であり、神はあなたを用いて挽回の働きをなさりたいのです。

もしある兄弟があなたに罪を犯し、それがとても小さい事で、あなたが彼を赦して、その事が終わったなら、別の問題は残っていません。しかし、もしある兄弟があなたに罪を犯し、それが赦しがたいほどであれば、あなたは目をつぶってこの事を無かったことにすることはできません。その事が依然としてあり、それを無視することはできません。もしこれらの問題が解決されないなら、それは教会の重荷になってしまいます。教会の力は重荷のために減少するものです。からだの命も、これらの重荷があると減少します。奉仕者の働きも、重荷があると減少します。ですから、わたしたちは神の御前で事柄を対処することを学ばなければなりません。人があなたに罪を犯した場合、目をつぶって知らぬ顔でいてはいけません。よくよく対処すべきです。しかしながら、霊が正しく、態度が正しく、言葉遣いが正しく、顔つきも正しく、口調も正しくなければなりません。こうであってはじめて、あなたの兄弟を得ることができます。

D　他の人に告げる

十六節は言います、「しかし、もし彼があなたに聞き従わなければ、一人か二人を一緒に連れて行きなさい。それは、二人または三人の証人の口によって、すべての言葉が立証されるためである」。あなた一人が彼の所に行って、正当な心で、とても良い態度で、とても穏かな言葉をもって彼に語った後、もし彼が聞かないなら、あなたは他の人に告げてもいいでしょう。しかし、彼が受け入れようとしない時、はじめて他の人に言ってもいいのです。絶対に気ままに人に言ってはなりません。

神の子たち二人の間で問題が生じて、もし二人が共に神の御前で対処しようとするなら、解決しにくい事柄はとても少ないでしょう。しかし、不注意に話して第三者の耳に入ると、この問題は重くなってしまい、非常に解決しにくくなります。ちょうど、傷口に外から何かが入り込まなければ治りやすいのと同じです。もしきたない泥を傷口にこすりつけたら、それは痛みを増し加えるだけでなく、はるかに治りにくくなります。二人の間の問題を第三者に告げることは、傷口に泥をこすりつけるのに等しいです。ですから、兄弟姉妹の間の問題は、二人が直接、対処しなければなりません。彼がこの対処を受け入れないなら、他の一人か二人の人に告げてもいいのです。しかも他の一人か二人に言う目的は、よけいな話をするためではなく、彼らに一緒に行って彼に話してもらい、共に彼を助け、共に交わるためです。

この一人か二人は、主にあって経験のある人、霊的な度量のある人でなければなりません。あなたは、あなたがた二人の間の事を彼らの前に置き、彼らにこの事柄がどうであるか、この兄弟が間違っているかいないかを見てもらいます。この一人か二人の兄弟は、あなたがたの事を神の御前で祈り、よく調べ、霊的な力で判断します。もし彼らも、この事は彼が間違っていると感じるなら、あなたと一緒に行ってこの兄弟に言います、「この事はあなたが間違っています。あなたがこのようにしていると、神の御前で道を失いますから、悔い改めて、誤りを認めてください」。

「それは、二人または三人の証人の口によって、すべての言葉が立証されるためである」。この一人または二人は、気ままに話をする人であってはなりません。おしゃべりな人を連れて行ってはいけません。おしゃべりな人は、根本的に人を納得させることはできません。信頼でき、誠実であり、霊的度量があり、主の御前で経験のある人を連れて行きなさい。そうすれば、二人または三人の証人の口によって、すべての言葉が立証されるでしょう。

E　最後に教会に告げる

十七節は言います、「もし彼が彼らに聞き従うことを拒むなら、教会に告げなさい」。あなた一人で対処できなければ、一人か二人を連れて行って対処します。それでも彼が聞かないなら、教会に告げなければなりません。ここの教会に告げるとは、全教会が共に集まっている時、この事を取り出すということではありません。教会で責任を負っている長老に告げるのです。もし教会の良心も、この兄弟が間違っていると感じるなら、彼はやはり間違っているはずです。もしその兄弟が神の御前で生きているなら、自分の見方を放棄して、二人または三人の証しを受け入れるべきです。もし二人または三人の証しを受け入れないなら、少なくとも教会の裁定を受け入れるべきです。教会の一致した見方、一致した意見は、主のみこころであるに違いありません。彼は、教会に聞かないことは間違っていると知るべきです。彼は柔順を学ぶべきです。自分の感覚を信じて、自分の決めた事が確かであるとすべきではありません。彼は教会の感覚を受け入れるべきです。

もしそれでも聞かないならどうしましょうか？　十七節は続けて言います、「もし彼が教会に聞き従うことをも拒むなら、彼を異邦人や取税人のように扱いなさい」。これは厳しい言葉です。言い換えれば、もし彼が教会に聞かないなら、教会のすべての兄弟姉妹はみな彼と行き来しないのです。彼はその問題を対処しようとしないので、教会は彼を異邦人や取税人のように扱い、彼と交わりを持つべきではありません。ここではまだ彼を除名するほどには至っていませんが、兄弟たちは彼を異邦人や取税人のように扱い、みな彼を相手にしません。彼が話してもだれも聞きません。彼がパンさきに来ても、だれも相手にしません。彼が祈っても、だれも「アーメン」と言いません。彼が来たければ来させますし、去りたければ去らせます。みなが彼を他人のように扱います。実際的に言って、もし神の子たちがこのような一致した態度を取るなら、とても容易に彼を挽回できるでしょう。このように彼を対処する目的は、やはり彼を挽回することです。

十八節の言葉は前の言葉に基づいています。十八節は言います、「まことに、わたしはあなたがたに言う。あなたがたが地上で縛るものはすべて、すでに天で縛られていたものであり、あなたがたが地上で解くものはすべて、すでに天で解かれていたものである」。教会がなすことを、主は天において承認しておられます。もし教会が彼を間違っているると見ているのに、彼が教会に聞かないなら、教会は彼を異邦人や取税人のように扱います。このことを主も天で承認されます。

十九節と二〇節で言っている言葉も、前の部分に基づいています、「また、まことに、わたしはあなたがたに言う。あなたがたのうちの二人が求めるどんな事でも、地上で調和一致するなら、天におられるわたしの父によって成就される。二人または三人がわたしの名の中へと集められている所には、わたしがその中にいるからである」。前の所の「二人または三人の証人の口によって、すべての言葉が立証される」のはどうしてでしょうか？　二人または三人の原則は、教会の原則です。もし二人または三人が、心を合わせて一つの事をするなら、二人または三人が神の御前で心を合わせて一つの事を見るなら、神もまたこの事を承認してくださいます。マタイによる福音書第十八章十八節から二〇節の言葉は、兄弟を対処するという文脈の中で語られています。二人または三人から全教会に至るまで、彼らがなす事を父は天で承認されます。

ここで一つの問題、すなわち教会がどのように重大な事柄を決定するかについて付け加えます。使徒行伝第十五章は言っていますが、兄弟たちが一緒に集まる時、だれでも語って構わないし、あらゆる話し合いをしてもよいのです。律法を守る人たちでさえ、立ち上がって彼らの主張を述べてもいいのです。たとえ彼らの主張が全く間違っていたとしてもです。言い換えれば、兄弟たちすべてに語る機会があります。しかし、兄弟たち全員が事柄を決定できるわけではありません。兄弟たちが神の御前ですべての感覚を語り尽くした後、長老たちがみなの話を聞き終えて、最後に神の御前での彼らの感覚を述べ、最後の決定を下します。責任を負う彼ら数人の兄弟たちが、神の御前で同じ感覚を持つなら、この感覚が教会の感覚であり、教会の良心です。彼らが語り終わった後、全員が服従し、心を合わせて彼らに従います。これこそ教会の方法です。決して人を抑圧して、話す機会を与えないのではありません。しかし、決して気ままに話すのでもありません。決定を下す時は、長老たちが聖霊の管理の下で語り、兄弟姉妹は長老たちが語る言葉を聞かなければなりません。もし聖霊が教会の中で権威を持っているなら、これらの事柄はとても順調に解決されます。もし聖霊が教会の中で権威を持っていないなら、肉の意見が多くなって、教会は語ることができません。ですから、わたしたちは聖霊の権威に服し、教会の言葉に聞き従うことを学ぶべきです。

どうか神がわたしたちに恵みを賜り、わたしたちを主と同じように恵みのある人にしてくださいますように。もし兄弟がわたしたちに罪を犯すなら、心から彼を赦しましょう。それだけでなく、さらに自分の責任を果たし、主の言葉にしたがって彼を挽回しに行きましょう。どうか神がわたしたちを導いてくださり、教会の中でこのような生活を生きることができるようにしてくださいますように。

赦しと挽回

2012年3月1日　初版印刷発行　定価250円（本体238円）

著　者　ウ　オ　ッ　チ　マ　ン・　ニ　ー

発行所　ＪＧＷ日　本　福　音　書　房
〒151-0053 東京都渋谷区代々木1-40-4
TEL 03-3373-7202　FAX 03-3373-7203
（本のご注文）TEL 03-3370-3916　FAX 03-3320-0927
振替口座００１２０－３－２２８８３

落丁・乱丁の際はお取りかえいたします。

ISBN978-4-89061-627-5 C0016 ¥238E